Irmgard Paule · Sandra Grimm

Paula und Flo lernen Rad fahren

Paula und Flo lernen Rad fahren

Eine Geschichte von Sandra Grimm
Mit Bildern von Irmgard Paule

Ravensburger Buchverlag

Paula und Flo fahren auf dem Hof hinterm Haus.
Paula rutscht auf dem Bobbycar. Das kracht so schön!
Krrr! Krrr! Krrr!
Flo saust um sie herum.
„Du bist mein Hindernis!“, ruft er. Mit dem Laufrad dreht er wilde Kurven und fährt sogar ein Brett rauf und runter. Paula schaut staunend zu.

Da kommt Papa. Er schiebt ein wunderschönes blaues Fahrrad neben sich her. „Das Fahrrad ist von Onkel Olli“, erklärt er. „Für seine Kinder ist es jetzt zu klein. Er schenkt es uns.“ Paula will sich sofort draufsetzen.
„Aber das ist doch für mich!“, ruft Flo.
„Das stimmt!“, sagt Papa. Flo setzt sich auf den Sattel.
Paula brüllt. „Ich will auch!“
„Du kannst mein Laufrad haben“, sagt Flo. „Das brauche ich jetzt nicht mehr.“
Paula rennt zum Laufrad. Sie steigt auf und will losfahren. Doch sie kippt immer zur Seite! Auch Flo steht mit dem neuen Fahrrad nur schief.
„So geht das nicht. Ich muss die Sättel tiefer machen“, meint Papa.

Paula und Flo holen das Werkzeug aus dem Regal.
Flo bringt Papa fünf verschiedene Schraubenzieher und
Schraubenschlüssel. Papa braucht nur einen Schraubenschlüssel.
Auch Paula schleppt ihre kleine Werkzeugkiste herbei.
Papa schraubt.
Flo hält die Schrauben fest.
Paula hämmert auf das Laufrad. Ganz vorsichtig natürlich!
Bald sind sie fertig.
„Los!“, jubelt Paula.

Papa holt Flos alten Helm. „Bitte, Paula, der ist für dich. Denn wer ein schnelles Laufrad fährt, braucht einen Helm!" Stolz setzt Paula ihn auf. Dann fahren sie los.
Nein, doch nicht. Flo sitzt erst mal nur.
Paula läuft. Aber beim Laufen kann sie gar nicht auf dem Sattel sitzen!
„Das ist komisch", findet Paula. Sie hat keine Lust mehr und geht wieder zum Bobbycar.

Und Flo? Flo fährt auf dem Fahrrad erst einmal wie auf seinem Laufrad. Dann hält er an und probiert, seine Füße auf die Pedale zu setzen. Aber als er losfahren will, kippt er mit dem Rad um. Flo heult wütend los.

„Ich fahr lieber wieder auf meinem Laufrad,
Papa!“, sagt Flo.
Aber da stürzt Paula zum Laufrad:
„Nein, das ist meins!“
„Du willst es doch gar nicht!“, schreit Flo.
Papa fragt: „Was ist denn los?“
„Blödes Rad!“, ruft Flo.
„Blöder Flo!“, ruft Paula.

Papa muss lachen. Flo und Paula auch.
Dann tröstet Papa beide: „Ich verstehe gut, dass ihr euch ärgert.
Heute ist es schon spät. Wir gehen rein zum Abendbrot.
Morgen probiert ihr es noch einmal. Dann klappt es sicher besser!"
„Ja, morgen kann ich das." Paula nickt.
„Ja, ja", sagt Flo. „Du hast es leichter, du musst nur laufen. Ich muss fahren."
Paula verschränkt wütend die Arme: „Ich will auch fahren!"
Flo kichert. „Schau, Fahrrad heißt es, weil man fährt", erklärt er.
„Laufrad, weil man läuft. Verstehst du?"
„Ja", sagt Paula. „Gibt's auch ein Hüpfrad?"
Flo schüttelt den Kopf. Manchmal wissen kleine Schwestern
aber auch gar nichts!

Am nächsten Tag geht es ganz früh los.
„Du hast im rechten Fuß die meiste Kraft, Flo“, erklärt Papa.
„Deshalb kommt der oben auf das Pedal. Der linke bleibt noch am Boden. Dann stößt du dich vom Boden ab und trittst mit dem rechten das Pedal runter. Und wenn du dann Schwung hast, kannst du mit beiden Füßen treten.“
Flo nickt. Er fängt sofort an. Paula auch.
Sie nimmt natürlich das Laufrad. Papa hat ihr gezeigt, dass sie die Beine knicken und sich abwechselnd abstoßen muss.
Es geht ganz gut!
Nun will Papa Flo helfen und ihn am Sattel festhalten.
Aber Flo ruft: „Nein, dann wackle ich!
Lass los!“
Flo tritt das Pedal immer nur einmal herunter, dann stoppt er.
„Na, ob man das so lernen kann?“, zweifelt Papa.
Aber Flo sagt: „Guck nur zu, Papa!“

Papa setzt sich auf die Bank und schaut zu. Tatsächlich – Flo steigt immer wieder auf und tritt einmal das Pedal runter.
Dann hält er an. Bald tritt er auch das andere Pedal einmal runter.
Links, rechts. Und stopp.
Als er das kann, setzt er sich einfach auf den Sattel und fährt los.
„Super!" Papa und Paula klatschen begeistert.
Nur das Absteigen ist noch wackelig.
„Du kannst mit der Bremse am Lenker bremsen", erklärt Papa.
„Aber zuerst übe mal, die Pedale nach hinten zu treten und so anzuhalten.
Wenn du dann schnell einen Fuß auf den Boden setzt, klappt auch das Absteigen!" Flo übt und übt. Bald geht es wie am Schnürchen.

Flo muss auch Kurven fahren üben. Das ist gar nicht so leicht!
Paula macht natürlich alles nach, was Flo macht.
Dann fährt Flo nahe an die Straße.
„Pass auf!", ruft Papa. Flo springt einfach zur Seite ab.
„Prima", lobt Papa. „Du weißt: nie ohne uns vom Hof fahren!
Und an der Straße sowieso immer halten und nach Autos
und Fußgängern gucken."
„Na klar", sagt Flo. „Das kenn ich doch schon vom Laufrad."

Nun fängt es heftig an zu regnen. Papa will ins Haus gehen.
Doch Paula und Flo wollen draußen bleiben.
„Uns macht der Regen gar nichts!“, ruft Flo. Papa lacht
und schließt das Tor zur Straße. „Na gut, ich stelle mich
hier unter das Dach und schau zu!“, sagt er.
Flo fährt los. Paula ist auch schon ziemlich schnell!
Bald sind überall Pfützen. Paula saust hindurch.
Flo macht es ihr nach.
„Jippii!“, schreit Paula. Das spritzt so schön! Im Nu
sind sie von Kopf bis Fuß nass gespritzt.

Plötzlich kommt Paula mit ihrem Vorderrad ganz nah an Flos Fahrrad. Oje, schon ist sie dagegengefahren! Sie wackelt und zappelt und fällt um – mitten in eine Pfütze. „Ihh!“, kreischt Paula. Flo dreht sich um. Als er Paula in der Pfütze sieht, muss er lachen. Schon wackelt auch sein Fahrrad und – kippt um. Platsch!, auf den schlammnassen Rasen. Paula und Flo lachen.

Papa schmunzelt, als sie zum Haus gehen.
Da schaut auch Mama zur Tür heraus.
Sie reißt die Augen auf und ruft:
„Ach du meine Güte! Zwei Schlammmonster!“
Paula und Flo kichern.
Mama und Papa tragen die Schlammmonster
vorsichtig in die Badewanne.
„Heute müssen wir euch aber sehr gründlich
waschen!“, sagt Mama lachend.
„Ja“, meint Paula. „Und die Räder auch!“

Tatsächlich dürfen Paula und Flo die Räder später selbst mit dem Gartenschlauch abspritzen. „Wie die Feuerwehr!“, jauchzt Paula.
„Rad fahren ist toll“, findet Flo.
„Ja“, sagt Paula. „Rad laufen auch.“
Dann spritzt sie Flo nass. Natürlich nur ein ganz kleines bisschen.

Ein paar Tage später bekommt Onkel Olli einen Brief. Darin steht:

Lieber Onkel Olli,

Vielen Dank für das Fahrrad.
Ich kann schon prima damit fahren.
Paula mit dem Laufrad auch.
Das ist zwar nicht von dir, aber
trotzdem prima.
Den Brief hat Papa geschrieben,
Er soll auch schreiben, dass du
bald kommen musst.
Dann machen wir ein Weltrennen!

Bis bald
Flo Flizer und Paula Potzblitz

Bibliografische Information der Deutschen Nationalbibliothek:
Die Deutsche Nationalbibliothek verzeichnet diese Publikation
in der Deutschen Nationalbibliografie;
detaillierte bibliografische Daten sind im Internet über
http://dnb.d-nb.de abrufbar.

1 2 3 4 14 13 12 11

Otto Maier GmbH · Postfach 1860
88188 Ravensburg
Illustration: Irmgard Paule · Text: Sandra Grimm
Redaktion: Anja Marquart
Printed in Germany
ISBN 978-3-473-32407-1
www.ravensburger.de